SPECJALNE MOCE

DOSKONAŁY PROJEKT

książka o AUTYZMIE

Dr Tracy Packiam Alloway

Ilustrowała Ana Sanfelippo

ZIELONA SOWA

Klasa pani Jabłońskiej przygotowuje się do targów naukowych.

– Dziś zaczniecie pracę nad projektami – powiedziała nauczycielka. – Podczas targów odbędzie się konkurs na najlepszy projekt.

Macie szansę zdobyć nagrody! A teraz słuchajcie uważnie, wyczytam wasze imiona i podzielę was na grupy. Wybierzcie kapitana zespołu i temat projektu.

Krzyś usłyszał swoje imię, ale był zbyt zajęty zabawą.

– Ciuch, ciuch – mówił, przesuwając plastikowy pociąg po ławce. – Pociąg Piotruś jest szczęśliwy.

W grupie Krzysia znaleźli się:
Julka, Mateusz, Staś i Franek.
Dzieci zsunęły swoje ławki.

– Może zbudujemy model kolejki? –
zaproponowała Julka na widok książki Krzysia.

– Wiem dużo o pociągach,
więc mogę zostać kapitanem
zespołu – powiedział Mateusz.

– Ja też wiem dużo o pociągach.
Mam w domu kolejkę na pilota –
pochwalił się Franek.

– Prawdziwe pociągi nie potrzebują
pilota. Są napędzane prądem i czerpią
energię z trakcji elektrycznej albo
z trzeciej szyny – wtrącił Krzyś,
nie odrywając wzroku od książki,
którą właśnie czytał.

Grupa zaczęła pracować nad modelem kolejki. W pewnym momencie odezwał się Krzyś:

– Myślę, że to trzeba przyczepić tutaj. – Ale gdy chciał zamocować element, cały model się rozpadł!

Staś się rozpłakał.
– O nie! To już koniec!
Nie zdobędziemy nagrody.

– Nic się nie stało, możemy jeszcze wszystko naprawić – pocieszyła go Julka.
– Ale tym razem musimy uważnie łączyć kolejne elementy – dodał Mateusz. – Krzysiu, możesz rzucić okiem na tę część modelu? Coś mi się tu nie zgadza...

Ale Krzyś tylko spojrzał na niego, przestraszony. Zakrył uszy dłońmi i odsunął się od stołu.

– Krzysiu! Dokąd idziesz? – zawołał za nim Franek.

Krzyś nie odpowiedział.
Wybiegł z sali.

Pani Jabłońska znalazła Krzysia w bibliotece.
– Wszystko w porządku, Krzysiu? – zapytała.
– Pociąg Piotruś już nie chce się bawić – powiedział chłopiec. – Nie chce rzucać okiem. Lubi swoje oko i chciałby je zatrzymać.

Pani Jabłońska zrozumiała, dlaczego Krzyś się przestraszył, i wyjaśniła, że „rzucać okiem" to tylko takie powiedzenie, które oznacza „popatrzeć na coś".

– Wróćmy do sali. Może zapiszesz kilka ciekawych faktów na temat pociągów do waszej prezentacji, podczas gdy reszta dokończy budowę modelu? – zaproponowała nauczycielka.

Następnego ranka nauczycielka przekazała grupie Krzysia złą wiadomość.
– Przykro mi, ale Mateusz zachorował i nie weźmie udziału w jutrzejszych targach.

– I kto teraz zaprezentuje nasz projekt? – jęknął Staś.

Jedne z najszybszych pociągów kursują w Japonii. Mogą rozwinąć prędkość do 360 kilometrów na godzinę.

Malezyjczyk o pseudonimie „Król Zębów” przeciągnął zębami lokomotywę i siedem wagonów na odległość czterech metrów!

Najdłuższa trasa kolejowa na świecie prowadzi z Europy do Azji.

– O rety! Naprawdę dużo wiesz o pociągach! – zawołał Franek, gdy zobaczył notatki Krzysia. – Może ty zaprezentujesz nasz projekt?
Krzyś się uśmiechnął i pokiwał głową.

Gdy następnego dnia klasa pani Jabłońskiej dotarła na targi, panował tam okropny tłok i było bardzo głośno.

Obcasy stukały.
Krzesła skrzypiały.
Książki spadały na ziemię.

– Gdzie jest Krzyś? – zapytał Franek.
Grupa zaczęła go szukać.

– Chyba go widzę! – zawołała
Julka. – Jest tu!

Krzyś schował się pod stołem. Wyglądał na bardzo zdenerwowanego. Nie lubił hałasu.

– Hej, Krzysiu, może włożysz to? – zaproponował Franek i podał mu swoje nauszniki.

Krzyś założył je i od razu się uśmiechnął.
– Pociąg Piotruś lubi, gdy jest cicho – powiedział.
Franek zrozumiał, że Krzyś mówi o samym sobie i że to on lubi, gdy jest cicho, i czuje się lepiej w nausznikach.

Wkrótce nadeszła pora, żeby grupa Krzysia przedstawiła swój projekt sędziom. Krzyś zaczął wymieniać kolejne fakty dotyczące pociągów.

Mówił na temat silników parowych.
Mówił na temat pociągów elektrycznych.
Mówił na temat pociągów towarowych
i osobowych.

Im więcej ciekawych faktów podawał,
tym więcej punktów sędziowie
przyznawali jego grupie!

Gdy sędziowie obejrzeli już wszystkie projekty,
naradzili się, a potem ogłosili zwycięzców.
Trzecie miejsce zajął zespół,
który zaprojektował rakietę.
Drugie miejsce przypadło zespołowi,
który przygotował projekt wulkanu.

A pierwsze miejsce zajął zespół Krzysia i ich projekt pociągu!
– Wygraliśmy! Wygraliśmy! – cieszył się Staś.

– Brawo Krzyś! – wiwatował Franek.
– Krzysiu, to twoja niesamowita pamięć pomogła nam zdobyć pierwsze miejsce! – pochwaliła kolegę Julka.

UWAGI DLA RODZICÓW I NAUCZYCIELI

Autyzm to dość powszechne zaburzenie skutkujące trudnościami w nauce, które może wpływać na następujące obszary:

INTERAKCJE SPOŁECZNE

Autyzm charakteryzuje się trudnością w rozpoznawaniu społecznych oraz emocjonalnych sygnałów i właściwym reagowaniu na nie, co może prowadzić do problemów w sytuacjach towarzyskich.

WYRAŻANIE EMOCJI

Wyrażanie emocji może sprawiać dzieciom z autyzmem dużą trudność. Zdarza się, że powtarzają one zasłyszane sformułowania albo opowiadają o ulubionych bohaterach, żeby zakomunikować, co same czują. Tak robił Krzyś, posługując się swoją zabawką – pociągiem Piotrusiem.

Zastanów się, czy ćwiczenia, które dajesz do wykonania dziecku z autyzmem, są dostosowane do jego potrzeb i ograniczeń. Wyrażanie emocji, rozumienie rozmaitych sformułowań oraz radzenie sobie z przeciążeniami sensorycznymi mogą być dla niego problematyczne. Z drugiej strony dzieci cierpiące na autyzm mają dobrą pamięć roboczą. Oznacza to, że świetnie radzą sobie z zapamiętywaniem faktów i posiadają rozległą wiedzę na konkretne tematy.

PRZECIĄŻENIA SENSORYCZNE

Dzieci z autyzmem często wykazują znakomitą pamięć roboczą, jednak mają trudności z korzystaniem z niej, gdy doświadczają przeciążenia sensorycznego w postaci głośnych dźwięków, dziwnych zapachów, a nawet niektórych rodzajów światła. To sprawia, że trudno im się skoncentrować w zatłoczonych czy hałaśliwych miejscach.

PAMIĘĆ

Dzieci dotknięte autyzmem często mają doskonałą pamięć do faktów i zdarzeń. Dzięki temu są w stanie zapamiętywać nie tylko różne ciekawostki, lecz także zasady, które pomagają im odpowiednio postępować w sytuacjach towarzyskich.

OMÓWIENIE TEKSTU Z DZIECKIEM

Wyjaśnij dziecku, czym jest autyzm, i wytłumacz, że może mieć on wpływ na umiejętność nawiązywania kontaktu z innymi i prowadzenie rozmów. Opowiedz też o pozytywnych aspektach tego zaburzenia: osoby dotknięte autyzmem często mają świetną pamięć i są bardzo szczere. Poniżej znajdziesz zestaw pytań, które ułatwią ci rozmowę z dzieckiem, pomogą mu lepiej zrozumieć treść książki.

(s. 7–9) Krzyś nie wiedział, że „rzucić okiem" to tylko wyrażenie. A co ty robisz, gdy nie rozumiesz tego, co ktoś do ciebie mówi?

(s. 14–15) Krzyś źle się poczuł, gdy znalazł się na targach. Jak ty się czujesz w głośnych, zatłoczonych miejscach?

(s. 10–11) Krzyś opowiada o pociągu Piotrusiu, żeby wyrazić własne emocje. Jak ty wyrażasz swoje?

(s. 17–19) Gdy Krzyś założył nauszniki, od razu się uspokoił i z łatwością przypomniał sobie wszystkie fakty na temat pociągów. Czy ty też masz specjalne sztuczki, dzięki którym łatwiej przypominasz sobie różne rzeczy?

WSKAZÓWKI UŁATWIAJĄCE NAUKĘ

Oto garść wskazówek, które pomogą dziecku wzmocnić pamięć długotrwałą i zostać bohaterem jak Krzyś!

UKŁADANIE LIST

Ta zabawa przyspiesza proces przypominania u dzieci, ponieważ podtrzymuje aktywne połączenie pomiędzy pamięcią roboczą a pamięcią długotrwałą. W ciągu 10 sekund wymień jak najwięcej warzyw. Powtórz ćwiczenie, tym razem wymieniając owoce, kolory etc.

NAUKA PRZED SNEM

Badania wykazały, że uczenie się przed snem może skutecznie wspierać archiwizowanie informacji i ułatwiać ich zapamiętywanie.

RYSOWANIE

Badania wykazały, że zaledwie 20 minut rysowania dziennie wspomaga pracę pamięci roboczej.

ŁĄCZENIE FAKTÓW

Wykorzystaj zainteresowania dziecka (np. robotami czy dinozaurami), aby ułatwić mu naukę poprzez tworzenie połączeń pomiędzy nowymi informacjami a tym, co dziecko już wie.

BĘBNIENIE PALCAMI

Bębnienie palcami albo klaskanie w rytm to proste ćwiczenie wspomagające pamięć roboczą.

Tytuł oryginału: *SEN SUPERPOWERS The Perfect Project – a book about autism*

Tekst: Dr Tracy Packiam Alloway
Autorka jest profesorką psychologii i kierowniczką studiów podyplomowych na Uniwersytecie Północnej Florydy. Specjalizuje się w pamięci roboczej i jej roli w procesie uczenia się, szczególnie u dzieci o specjalnych potrzebach edukacyjnych (SPE).

Ilustracje: Ana Sanfelippo
Tłumaczenie: Ewa Kleszcz
Redaktor prowadzący: Joanna Liszewska
Korekta: Marta Krzemińska
Opracowanie graficzne okładki: Kamil Pruszyński
Skład i DTP: Michalina Paczyńska

Wydanie I

ISBN 978-83-8154-406-1

Wydawnictwo Zielona Sowa Sp. z o.o.
00-807 Warszawa, Al. Jerozolimskie 94
tel. 22-379-85-50, fax 22-379-85-51
www.zielonasowa.pl
wydawnictwo@zielonasowa.pl

Magnusowi, mojemu ekspertowi od pociągów.